Fotografia Astronomica Amatoriale Intro

Di

Marco Pantò

Edizione 2021

Guida Pratica

- Linuxshell Italia -

Sommario

Questo libro è dedicato a mia madre che, per prima, quando ero un ragazzo, mi ha regalato un telescopio e mi ha fatto alzare gli occhi al cielo per vedere le stelle e inseguire i miei sogni.

E a mio padre che mi ha trasmesso, tra le molte cose, la passione per la fotografia come forma d'arte.

Introduzione

Foto astronomiche, belle, affascinanti, impossibili?

No fattibili, si possono fare anche amatorialmente.

Ti è forse capitato, come a me, di aver letto diversi libri a riguardo, tutti veramente poco chiari, e non aver capito nulla?

Come si fa a fare quelle belle foto che hai visto sulle riviste, in televisione e sui libri?

Ho comprato ed ho letto diversi libri sul tema. Ho visto video. Ho studiato, mi sono documentato, e ho fatto tanta pratica.

Perché volevo imparare a fotografare il cielo.

Passavo dalla passione amatoriale della fotografia naturalistica, e dell'astronomia, alla voglia di immortalare le meraviglie dell'universo.

Dalla mera osservazione con un telescopio alla cattura delle immagini.

Alcuni di questi libri che ho letto sono totalmente strampalati, altri addirittura clamorosamente fuorvianti.

Ci sono libri che ti dicono di impostare sulla tua macchina fotografica un tempo di posa assurdo per fotografare Giove o altri che parlano esclusivamente di argomenti teorici che non servono a nulla.

Io volevo andare direttamente al punto, la parte teorica del bravo fotografo amatoriale mi interessava, certo, ma volevo, velocemente, solo le informazioni strettamente indispensabili al mio scopo: divertirmi facendo foto a galassie, nebulose, ai pianeti, al cielo.

Bene vuoi andare anche tu direttamente al punto?

Avere l'essenziale per ottenere dei risultati?

Sei nel posto giusto. Ti propongo questa guida che descrive le procedure, con riferimento all'attrezzatura che uso io, e le conoscenze, indispensabili per raggiungere l'obiettivo.

È una guida adatta a tutti, a chi parte da zero e anche a chi possiede già un telescopio e vuole fare foto astronomiche.

Ma prima una breve precisazione.

Ad onore del vero c'è gente bravissima a fare foto astronomiche che si è cimentata nella pubblicazione di libri, peccato che i libri non siano tanto chiari come le foto che scattano.

Perlomeno io non li ho trovati così chiari e ho dovuto arrangiarmi per tentativi, racimolare mezze verità, dette un po' qua e un po' la, e tutte da verificare.

Il mondo dei fotografi astronomici, amatoriali o professionali che siano, è fatto di persone molto gelose dei loro segreti.

In parole povere nessuno ti dice niente, nessuno ti spiega nulla.

Devi fare tutto da solo, sperimentando, spendendo un sacco di tempo, di soldi, di fatica.

Non è un modo di fare che mi piace.

Spero che, tu lettore, non diventi come una di queste persone, io con questo libro intendo fare esattamente l'opposto: divulgare e condividere le mie esperienze.

Ora passeremo velocemente ad alcune sezioni importanti per focalizzare l'obiettivo.

Cerco di schematizzare molto per portarti velocemente ad inquadrare il tuo interesse finale.

Prima cercheremo di capire cosa vuoi fare.

Poi parlerò dell'attrezzatura, quindi delle conoscenze essenziali che servono per raggiungere lo scopo.

Infine della pratica con esempi che accompagnano ogni argomento.

E questo varrà per tutte le sezioni del manuale.

Il libro prosegue nel Vol. 1 Fotografia Astronomia Amatoriale pubblicato su Amazon.

Lettore è possibile anche organizzare dei corsi in presenza online per illustrare in dettaglio i metodi descritti.

Come del resto già fatto in passato e pubblicato su:

http://www.linuxshell.it

e

http://www.certificazionilinux.com

Cosa fotografare

Devi individuare cosa vuoi fotografare.

A seconda dell'oggetto scelto possono cambiare sia l'attrezzatura sia gli accessori.

Di attrezzatura e accessori parliamo più avanti.

Le "cose" da fotografare possono essere:

Le stelle e il cielo con le sue costellazioni.

La Luna.

I Pianeti.

Gli oggetti del cielo profondo.

Gli oggetti volanti non identificati.

Per fotografare stelle e costellazioni hai bisogno di attrezzatura a "campo largo".

Per fotografare Luna e Pianeti hai bisogno di attrezzatura per forte ingrandimento (ma come vedremo la Luna può far parte del campo largo).

Sembra strano, molti sono convinti che l'ingrandimento forte serva per fotografare il cielo profondo, non è proprio così.

Per fotografare il cielo profondo hai bisogno di ottiche di buona qualità e buona capacità di catturare la luce, che si traduce in focale media, fuoco aperto e lenti ottime.

Attrezzatura

Iniziamo qui subito la trattazione dell'attrezzatura e degli accessori.

Le foto presenti in questo libro sono state tutte scattate con l'attrezzatura descritta.

Anzi tutto telescopio e montatura.

Affrontiamo subito la fatidica domanda del principiante: che telescopio compro?

Vorrei liquidare velocemente questo argomento anche perché trovate tonnellate di disquisizioni, secondo me molte sono inutili, ovunque, online e su altri libri.

Velocemente non vuol dire non precisamente.

Io ho provato un po' di tutto, e prima che tu, lettore, vada avanti, devo avvertirti: la fotografia astronomica non è un hobby economico.

Mentre per la fotografia naturalistica è sufficiente una buona macchina, DSLR è il nome tecnico, che sta per Digital Single-Lens Reflex, per la fotografia astronomica bisogna spendere molto di più.

A questo punto del libro, sperando che tu abbia letto gratuitamente l'abstract, puoi benissimo rinunciare ad andare avanti, se non pensi di allocare almeno due o tre volte il budget che allocheresti per una buona DSLR.

Dunque torniamo alla domanda: che telescopio compro?

Risposta: dipende da quello che hai scelto di fotografare,

quindi continua a leggere e per ogni sezione scoprirai gli strumenti adatti.

Nota per coloro che possiedono già un telescopio.

Se possiedi già un telescopio per osservazioni celesti rientri in una di queste categorie:

- Con motore – devi vedere se altazimutale o polare equatoriale. Per le foto vanno bene solo quelli polari.
- Senza motore – sappi che non riesci a fare molto senza un motore che segue la volta celeste.

Di seguito prendiamo, uno per uno, in considerazione i vari ambiti e elenchiamo gli strumenti che ci servono.

Strumenti di base

Qualcosa dobbiamo già averla.

E non parlo della passione né della voglia di divertirsi.

Oltre a possedere una macchina fotografica digitale, una DSLR, devi poter contare anche su conoscenze fotografiche amatoriali di base: sapere cosa è un tempo di posa, un otturatore, un diaframma, gli ISO, la sensibilità del sensore e avere dimestichezza con il tuo strumento.

Inoltre devi possedere un personal computer per poter installare il software, che, sebbene per la maggior parte è gratuito e accessibile, ti vedrà impegnato anche sul fronte informatico.

Quindi dimestichezza anche con programmi e computer.

Preparazione tipica di una sessione fotografica

Per grandi linee è la stessa che si dovrebbe adottare per le sessioni di osservazione astronomica.

Scelta del giorno e del luogo in funzione a:

Luna Nuova

Meteo

Vento in quota

Inquinamento luminoso

Scelta del soggetto in base a:

Stagione

Luogo

Planetario o carte astrali

Attrezzatura

Scelta dell'attrezzatura in base a:

Soggetto

Meteo

Stagione

Il Campo Largo

Iniziamo dal **campo largo.**

Non hai necessariamente bisogno di un telescopio per fare foto a campo molto largo. Bastano un astro inseguitore e una buona DSLR. A volte basta anche meno.

Consiglio: puoi comprare una buona DSLR anche non di ultima generazione per pochi soldi usata.

Astro inseguitore: la terra, come è noto, se non sei un terra piattista, gira. Quindi hai bisogno di un apparecchio, che una volta orientato, giri in verso esatto e contrario alla terra allo scopo di mantenere la posa statica per qualche minuto.

In mancanza avrai l'effetto che si chiama Star Trail, ovvero la striscia luminosa che disegnano le stelle, sulla foto a lunga esposizione, mentre la terra ruota.

Fare foto in questa categoria è relativamente economico e facile.

Io come astro inseguitore uso uno Sky Watcher Star Adventurer. Ce ne sono altri, ovviamente, ma io mi trovo bene con questo.

Citando il testo dei costruttori:

Lo Star Adventurer è un astro inseguitore compatto e leggero che consente di effettuare riprese spettacolari a lunga esposizione del cielo a campo largo mediante una macchina fotografica reflex, oppure tramite un piccolo telescopio a fuoco diretto.

Il che significa poter collegare una macchina fotografica e un telescopio, oppure uno o l'altro.

Vediamolo in foto:

Lo Star Adventurer con il treppiede di serie.

L'ultimo modello dello Star Adventurer è dotato di connessione Wi-Fi per l'utilizzo con il proprio smartphone.

Possiamo fare foto time-lapse, astro time-lapse e

programmare scatti a lunga posa direttamente dalla App.

Nel kit PRO PACK abbiamo:

Star Adventurer 2i

Cannocchiale Polare

Illuminatore Cannocchiale Polare

Staffa ad L

Latitude Base

Kit Barra + Contrappeso

Adattatore Testa a Sfera

Vediamolo montato con macchina e piccolo telescopio:

Come si usa?

Facile: si monta il Tripod, poi si usa la bolla della livella sul Tripod per metterlo in piano, quindi si aggancia sopra il Tripod l'astro inseguitore e si inclina a seconda della propria latitudine, ed infine si seguono le istruzioni per usare il cannocchiale polare per orientarlo verso la stella polare.

La stella polare viene inquadrata dentro al cannocchiale polare e posta dentro al cerchio in una determinata posizione che dipende dalla data e dalla posizione dell'osservatore.

In questo modo orientiamo l'apparecchio sull'asse di rotazione terrestre per consentire al motore di compensare in senso opposto il movimento di rotazione della terra.

Dopo si accende con i suoi pulsanti e inizia ad astro inseguire, ovvero rimane stabile sulla porzione di cielo che avete inquadrato.

Questo vi consente di fare foto a lunga posa, 2 o 3 minuti, per poter catturare il cielo.

Senza questo motorino avremo foto talmente mosse che le stelle disegnano lunghe strisce sull'immagine, l'effetto Star Trail.

La procedura di sistemazione del treppiede e del motorino viene detta stazionamento. Più avanti nel libro in dettaglio descrivo lo stazionamento di questo strumento, nell'orientamento polare della testa.

Il costo è di qualche centinaio di euro.

Limiti: non supporta troppo peso, è bene limitare il carico a pochi kilogrammi tra macchina e altro. Il treppiede non è molto robusto.

Se lo caricate troppo perde stabilità, se perde stabilità si muove.

Se si muove le vostre foto saranno spazzatura.

Bastano anche poche vibrazioni, per esempio prodotte dai passi sul terreno mentre si cammina vicino al Tripod, per rovinare uno scatto a lunga posa.

Semplice.

Dedichiamo più avanti qualche pagina all'allineamento polare della montatura.

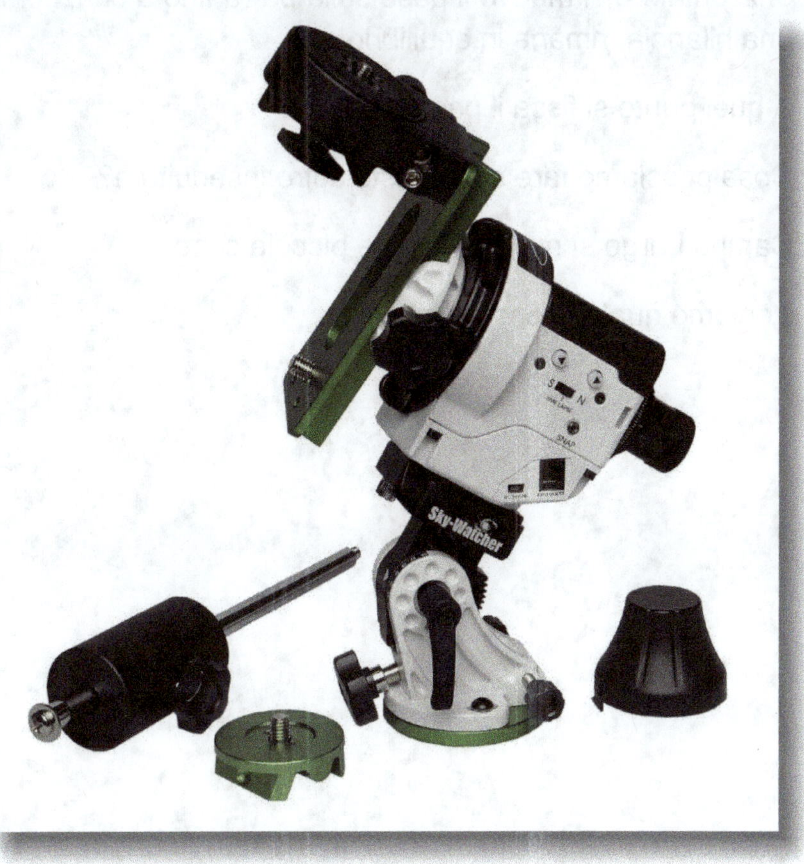

Qui lo vediamo con il tappo del cannocchiale polare aperto.

Il cannocchiale polare si usa all'inizio, in fase di stazionamento per orientare l'attrezzatura.

La procedura di stazionamento è decritta bene anche nel suo manuale così come l'uso del cannocchiale polare e dei suoi pulsanti.

Il bilanciamento dei pesi è importante per equilibrarlo.

Si monta la macchina o il piccolo telescopio, poi si ruota in orizzontale e si muove il peso sulla barra fino a che, come in una bilancia, rimane in equilibrio.

A quel punto si fissa il peso.

Cosa possiamo fare con questo astro inseguitore?

Campo Largo sì ma anche altre piccole cose.

Vediamo qualche esempio.

Luna

Macchina fotografica.

Io uso una vecchia Canon 650D, che si può acquistare usata a poco, essendo oramai un modello superato.

Le Canon nel mondo della fotografia astronomica sono i modelli più consigliati, tra l'altro anche quelli più comunemente modificati per i sensori all'infrarosso.

Potendo se ne dovrebbero avere due, una standard e una modificata IR.

Parleremo più avanti dei vantaggi della modifica IR.

Intanto in mancanza di una DSLR possiamo anche usare il telefonino.

Incredibile?

No è fattibile.

La foto della Luna che segue è stata presa con un Samsung S7 Edge, l'astro inseguitore Sky Watcher Star Adventurer descritto prima, e un piccolo telescopio, un Mini Mak C 70 del costo di poco più di 100 euro.

Il Celestron Mini Mak C 70 è uno spotting scope.

Un telescopio pensato per osservazioni terrestri, fa parte degli oggetti che uso molto raramente per il cielo, eppure eccolo lì in una configurazione economica senza nemmeno una DSLR ma con un telefonino.

Si può comodamente adattare la macchina fotografica, qui ho usato lo smartphone per dimostrare che si può fare.

Celestron Mini Mak C 70

Due Immagini della Luna prese con il Mini Mak e un telefonino.

Che tempi di esposizione?

Che apertura?

Che ISO?

Semplicemente un adattatore per telefonini reperito su Amazon e la modalità della camera manuale con f/1.7 ISO 160 e 1/1000 sec. che ho scelto vedendo il risultato direttamente sullo schermo del telefono.

Senza filtri ovviamente.

Ma attenzione questi valori possono cambiare a seconda delle condizioni.

In ogni caso la Luna piena è luminosissima e, volendo, si può aumentare l'ingrandimento sul Mini Mak con conseguente chiusura della luce che non compromette nulla, è tanta la luce che abbiamo a disposizione.

Scatti migliori con maggiore contrasto si ottengono con la Luna nelle altre fasi, in crescita o calante.

Filtri gialli, verdi o nd si possono aggiungere davanti alla lente del telefono per risultati migliori.

Passiamo ora ad un altro scatto classico sul campo largo:

La Via Lattea.

Dunque qui lo smartphone non va bene.

Vediamo cosa ci dice il manuale del bravo fotografo per la Via Lattea.

Lista della Spesa

- DSLR
- Anelli adattatori per la DSLR
- Telecomando per DSLR
- Treppiede
- Astro Inseguitore
- Obiettivo 14 mm f/2 ED

Lista dei prerequisiti:

- Evitare inquinamento luminoso, umidità, foschia, evitare la Luna o altri fattori di disturbo luminoso.
- Meteo
- Location
- Stagione

Dunque che significa tutto questo?

Che devi avere una macchina reflex digitale su un treppiede con astro inseguitore stazionato, con un telecomando per scattare foto e non urtare la macchina altrimenti le vibrazioni rovinano gli scatti a lunga posa, con un obiettivo fish eye buono con apertura buona e lenti ottime.

Tutto questo nella stagione giusta, con la Luna Nuova e con il meteo perfetto, e senza inquinamento atmosferico o altri disturbi.

Diciamo che abbiamo la DSLR, prendiamo quindi il telecomando, si trova online a pochi soldi.

Se abbiamo l'astro inseguitore bene altrimenti c'è una piccola scappatoia.

L'obiettivo è un pezzo fondamentale, un classico raccomandato da tutti per queste faccende a campo largo con un buon rapporto qualità prezzo è il Samyang 14 mm f/2.8 IS ED UMC.

Il costo di questo obiettivo usato si aggira sui 200 euro.

A questo punto, tutto sommato siamo ancora in un range di spesa limitato, considerato che possiamo, per questo scatto, fare a meno dell'astro inseguitore. Certo averlo è meglio.

Passiamo, dopo la lista della spesa ai prerequisiti.

Prerequisiti

L'inquinamento luminoso, l'umidità, la foschia, la luce della Luna o di altri fattori di disturbo luminoso sono tutti nemici della fotografia astronomica, valgono per questo scatto e per tutti i successivi a meno che, come sopra non vuoi proprio fotografare la luna.

Inoltre già a questo punto, e siamo ancora nel campo largo, intervengono altri strumenti e competenze, specialmente di stampo informatico e uso applicativi software.

Tutti i nostri scatti avranno una fase di post produzione, elaborazione e trattamento. Vedremo meglio più avanti.

Non si tratta di fotoritocco ma di uso vero e proprio di strumenti che ci consentono di estrarre informazioni dai file registrati dalle nostre foto, dalla nostra DSLR al nostro personal computer.

Eh già, perché come se non bastasse oltre a dotarci di tanta attrezzatura dobbiamo anche avere hardware e software.

La stagione, a seconda della location può variare, ma alle nostre latitudini funziona più o meno così per la parte centrale della Via Lattea: in primavera e fino a poco prima dell'estate la parte centrale si vede poco prima dell'alba, in estate si vede in piena notte, a fine estate e inizio autunno è dopo il tramonto, ed infine in inverno si vede nelle prime ore notturne.

Bisogna scegliere un luogo scuro lontano dalle luci della città. Considerate che le luci di una città si estendono per un raggio di circa 50 Km.

Significa che in Italia è quasi impossibile trovare un luogo totalmente buio.

A questo indirizzo web è possibile trovare info sul grado di inquinamento luminoso:

https://www.lightpollutionmap.info/

è molto usato dalla comunità degli astro fotografi.

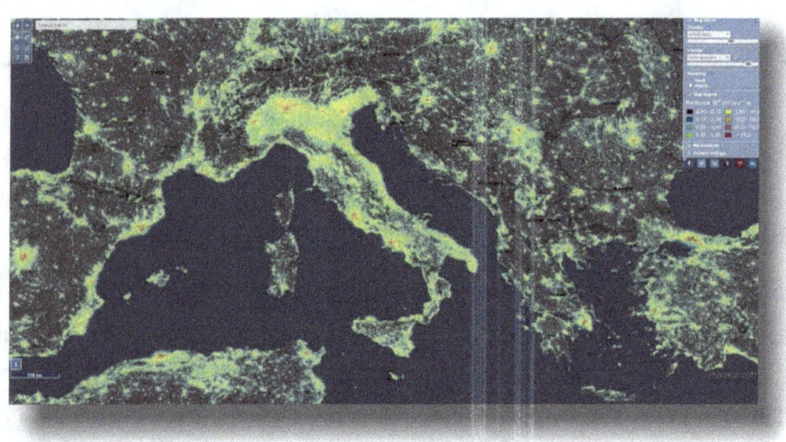

Una immagine presa online dell'inquinamento luminoso.

Insomma dobbiamo uscire dalla città e trovare il posto più buio possibile.

Altra variabile negativa che affligge la fotografia astronomica è il jet stream, il vento in alta quota.

Il vento, come un fiume che passa davanti al nostro obiettivo, disturba le foto.

A questi indirizzi troviamo informazioni sul vento:

https://www.ventusky.com/

Una immagine del sito.

A sinistra nel menu si può scegliere la quota del vento.

E anche su questo altro sito:

https://earth.nullschool.net/

Immagine dal sito.

Una sessione di fotografia astronomica, come del resto anche una osservazione, va pianificata.

Bisogna scegliere il soggetto, in funzione del giorno, del mese, della location e delle condizioni meteo.

Bisogna sceglierlo anche con l'aiuto di un planetario o delle carte celesti.

Vedremo come si usa un ottimo planetario più avanti.

Molti astronomi o astro fotografi sostengono che statisticamente in un anno ci sono solo due o tre giorni buoni in tutto per fare una buona osservazione e scattare delle buone immagini.

In parte è vero, ma ci dobbiamo accontentare anche dei giorni meno buoni e tirare fuori il meglio da quello che abbiamo.

Un fotografo amatoriale non può permettersi il lusso di aspettare l'onda perfetta.

Già molti soggetti da fotografare dipendono dalle stagioni, oltre che dal tempo, dal meteo, dalla luna, dall'inquinamento e da altro, figuriamoci se ci mettiamo a fare gli schizzinosi.

Io fotografo sempre appena posso e ci sono un minimo di condizioni buone.

Osserviamo i prossimi due scatti della Via Lattea per poi commentare l'attrezzatura e la tecnica.

Poi passeremo ad introdurre vari argomenti essenziali che ci serviranno per le categorie successive.

Strumenti usati nei prossimi due scatti:

DSLR Canon 650 D

Telecomando

Obiettivo 18 mm

f/3.5

ISO 3200

Tempo: 8 sec.

Treppiede

Senza astro inseguitore

Pose 15

Su queste due foto c'è molto da dire.

Anzi tutto contravvengono alla raccomandazione diffusa di unire un altro soggetto al fondo del cielo della Via Lattea, a parte la seconda foto, dove in alto a sinistra si vedono alcune foglie di un albero, non c'è altro soggetto.

Ma a me piace così, solo il cielo.

Poi non sono state realizzate con l'astro inseguitore ma con una altra tecnica, lo stack.

Infine l'obiettivo non è quello consigliato ma un altro di qualità più bassa.

Sono foto scattate in Namibia, nel deserto.

Clima secco, altopiano, senza Luna, cielo terso, nessun inquinamento atmosferico.

In parole povere condizioni perfette.

La via Lattea si vedeva a occhio nudo quasi così come la vedete sulle foto.

Con l'attrezzatura consigliata si sarebbe fatto molto meglio, ma non la avevo a disposizione, e le condizioni praticamente perfette della location hanno compensato in parte alla scarsa attrezzatura.

Esaminiamo la tecnica dello stack e del tempo di posa secondo la regola del 500 (c'è chi dice 600, 400 per Nikon, 375 per Canon etc.).

La regola del 500 è una regola empirica che serve ad impostare il tempo di posa senza che le stelle diano l'effetto Star Trail, o effetto mosso.

Funziona?

Secondo me no, comunque dà una idea dei limiti.

Funziona così:

si calcola la seguente formuletta, 500 / la lunghezza focale reale.

La lunghezza focale dipende dal tipo di sensore che ha la tua DSLR.

Le Canon come la mia hanno un sensore detto APS-C ovvero più piccolo di quello cosi detto full frame.

In questo caso il rapporto corretto per la lunghezza focale reale è da moltiplicare per 1.6, fosse stata una Nikon per 1.5, per una micro 4/3 invece per 2, invariato per il full frame.

E questo ci porta ad un altro punto importante da considerare: devi conoscere bene le caratteristiche tecniche della tua DSLR e in genere di tutta la tua attrezzatura.

Per la mia Canon quindi 375/(18x1.6).

Quindi 375/28,8 = 13,02 sec.

Ovviamente questa regola empirica non funziona. Uno scatto di 13 secondi in quelle condizioni lascia una strisciata di stelle evidente.

Perché il calcolo giusto implica sia di considerare la diversa declinazione per la velocità di rotazione, sia la tolleranza soggettiva alla strisciata, che per me non può essere più di 4 pixel, ed implica anche altro.

Senza scendere nei dettagli dei calcoli che prevedono il tempo in cui la rotazione terrestre striscia un pixel sulla tua DSLR, io ho calcolato per la Canon un valore di 250 massimo e 125 minimo da usare nella formula.

Quindi ecco il tempo di posa di 8 sec.

Nonostante questo le stelle non sono esattamente puntiformi.

Il formato di salvataggio è RAW.

Gli ISO, elevati, 3200, sono stati necessari per avere un tempo di posa più corto possibile, a discapito del "rumore" che hanno generato sulla qualità dello scatto.

In queste foto bisogna bilanciare, possibilità dell'attrezzatura, condizioni e meteo per ottenere il massimo risultato.

Il telecomando con il cavo ci consente di impostare il numero di scatti da effettuare, 15 per queste foto, l'intervallo di tempo e la durata. Essenziale per scattare, in manuale sulla posa Bulb, foto identiche senza toccare la macchina.

Messa a Fuoco

La messa a fuoco è fondamentale, gli obiettivi delle DSLR quando usati su fuoco infinito non mettono in realtà a fuoco precisamente.

Per mettere a fuoco accuratamente è importante usare la funzione digitale di messa a fuoco precisa inclusa nella DSLR.

Si attiva nella Canon con il pulsantino in alto a destra per la selezione del fuoco, oppure in altri modelli con la lente per lo zoom del fuoco, si inquadra una stella, si ingrandisce nel display, e infine si agisce sulla messa a fuoco dell'obiettivo fino a quando la vediamo nel suo aspetto puntiforme e senza aloni.

Nella foto che segue in evidenza il pulsante sulla Canon.

Da quel momento in poi dobbiamo stare attenti a non spostare più il fuoco.

Questi accorgimenti per la messa a fuoco varranno sempre in qualsiasi altra situazione ci troviamo.

La messa a fuoco è fondamentale, se è approssimativa rovinerà tutto il lavoro di acquisizione, inficiando tutto il resto.

Passiamo ora alla tecnica fondamentale dello stacking, importante non solo per queste foto ma anche per molte altre presentate nel libro.

Questa e altre tecniche coadiuvate da software che ci facilitano molti compiti sono alla base dei risultati che otteniamo grazie ai mezzi digitali.

Il vantaggio del mezzo digitale si esalta e si completa in astro fotografia, come del resto anche nella fotografia naturalistica, attraverso l'uso di vari software, e questo ci porta di nuovo a considerare che oggi gli strumenti informatici sono indispensabili.

Non è possibile pensare ad una fotografia astronomica separata dalle competenze informatiche sui sistemi e gli applicativi.

La grande novità rispetto al passato non sono solo i risultati ma gli strumenti e le competenze necessarie per poterli usare.

Un manuale di fotografia astronomica, oggi, è e deve essere in realtà una guida interdisciplinare sull'uso di molti strumenti e tecnologie, e sull'acquisizione del know how necessario a sfruttarli.

Stacking

Lo stacking è la tecnica che ti permette di unire, impilare, una sopra l'altra, più foto, al fine di sommare il segnale di tutte come se fosse uno scatto unico molto più lungo.

Nelle foto precedenti la mancanza di un astro inseguitore ci obbliga a pose relativamente corte di 8 sec. Per non avere strisce di stelle sulla foto.

Ma anche se avessi avuto un astro inseguitore avrei comunque usato questa tecnica, magari sfruttando la possibilità di fare pose un poco più lunghe.

Cerchiamo di capire come e perché.

Ciascuna delle foto sopra ha una esposizione reale totale di circa 2 minuti.

Non pensavate mica che 8 secondi bastavano?

Potevamo fare uno scatto solo da 2 minuti?

Si certo.

Il punto è che, ad un certo punto, il sensore della nostra macchina si satura di segnale, esporre di più e per più tempo è inutile.

Il nostro obiettivo o le nostre lenti del telescopio vanno pensate come un grande occhio senza palpebre.

Raccolgono luce come il nostro occhio, solo a differenza dei nostri occhi ne raccolgono di più perché hanno un diametro più grande, e poi la raccolgono ininterrottamente perché non hanno palpebre che si chiudono, la loro retina è il nostro sensore.

In questo caso il sensore della DSLR che decido io quanto deve rimanere aperto con l'otturatore.

Se noi potessimo osservare il cielo con un occhio più grande e con una sensibilità maggiore senza che sbattessimo le palpebre raccoglieremo molte più informazioni da far elaborare al nostro cervello, che non essendo preparato a questo chissà come reagirebbe.

Raccogliamo nel nostro scatto non solo la parte di onda elettromagnetica che ci interessa, la luce, ma anche altro che non ci interessa.

Questo rumore è inutile, non ci serve.

Consideriamo che le condizioni descritte sopra della location namibiana erano vicine alla perfezione, anche in quel caso ideale raccogliamo comunque luce parassita, rumore del sensore ed altre porcherie che inquinano la parte di segnale che ci interessa.

Come fare?

Ci viene in aiuto l'istogramma della macchina.

L'istogramma

L'istogramma visualizzabile sulle DSLR è la rappresentazione grafica della distribuzione dei pixel sulla foto.

Dobbiamo fare alcuni scatti di prova con ISO e tempi diversi e poi, osservando l'istogramma, valutare se cambiare i parametri.

L'istogramma ideale di una foto astronomica è tutto spostato a sinistra.

Quindi attraverso istogramma e prove cerchiamo di evitare di saturare il sensore con troppo segnale inutile e invece raccogliamo più scatti con segnale buono.

Questi scatti verranno poi impilati e sommati e ci daranno l'equivalente di uno scatto più lungo con tutte le informazioni relative.

La grande magia della fotografia digitale è questa.

Digit, numeri, valori che posso matematicamente sommare per avere un risultato che altrimenti sarebbe impossibile ottenere.

La fotografia astronomica digitale ha rivoluzionato questo mondo, e cose che fino a pochi anni fa erano ritenute impossibili sono, miracolosamente, e ad un costo relativamente basso, oggi fattibili.

Queste foto che realizziamo, noi per piacere ed hobby, alcuni per arte, altri per scopi scientifici, fino a trenta anni fa erano ritenuti un sogno da molti istituti scientifici.

E lo sono ancora in molte realtà.

Quanti scatti?

La mia politica è più scatti meno tempo singolo di posa più tempo totale di esposizione.

Il sensore più rimane in funzione più scalda e più genera disturbi.

Uno scatto lungo può essere rovinato da molte cose, per esempio anche un aereo che passa, un insetto, una foglia.

Se qualcosa rovina il tuo scatto magari butti una posa di 30 secondi, invece di una da due minuti, meglio 30 secondi persi che due minuti.

Tanto la matematica della pila rimane la stessa.

Io, se mi servono 15 scatti, ne faccio almeno 20, perché qualcuno in fase di post produzione lo scarto sempre.

La Via Lattea sopra è un soggetto molto luminoso, specie nella location giusta, non ha bisogno di tanta esposizione.

La Luna vista sopra, invece, è uno scatto singolo, usando lo stacking si riescono ad avere pose molto dettagliate e di livello molto più alto.

Il rovescio della medaglia è che molti scatti uguale molti file, e molti file stressano poi il software e le risorse.

Il tempo di posa che uso io nelle foto impilate non è mai il massimo che posso permettermi, varia da caso a caso ma mai il massimo.

Vediamo schematizzati due esempi di istogrammi:

Un esempio di istogramma sotto esposto.

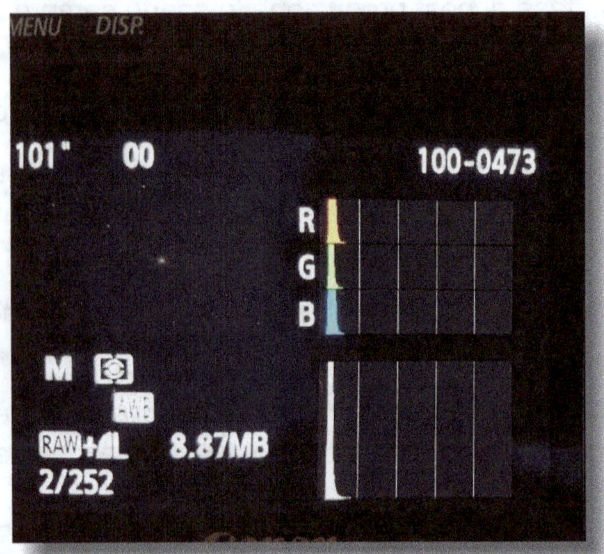

Un esempio di Istogramma tipico di una foto astronomica.

Come fare la pila, lo stack?

Si usano dei software, il più famoso e gratuito è Deep Sky Stacker che vediamo tra poco.

In alternativa, senza automatizzare molto, si può usare un software di editing di immagini come Photoshop, non gratuito.

Photoshop o il suo corrispettivo gratuito e open source, Gimp torneranno più avanti come strumenti indispensabili per la post produzione.

La post produzione è la fase in cui, una volta raccolti gli scatti, li elaboriamo.

La fotografia astronomica è tanto lavoro, tanta preparazione, tanta fatica, tante competenze da acquisire, tanti strumenti, tanto tempo da impiegare e un budget considerevole. È un hobby impegnativo.

Ma anche soddisfazioni enormi e meraviglie incredibili.

Prima di passare ad imparare Deep Sky Stacker mancano da sapere un paio di cose.

Le impostazioni di base per la DSLR in assetto astronomico e I Dark files, i Flat files e i Bias.

Troppe cose?

Solo l'indispensabile. L'essenziale.

Consolatevi, buona parte di quello che stiamo imparando per il campo largo poi vale anche per gli altri ambiti.

Impostazioni astronomiche per la DSLR

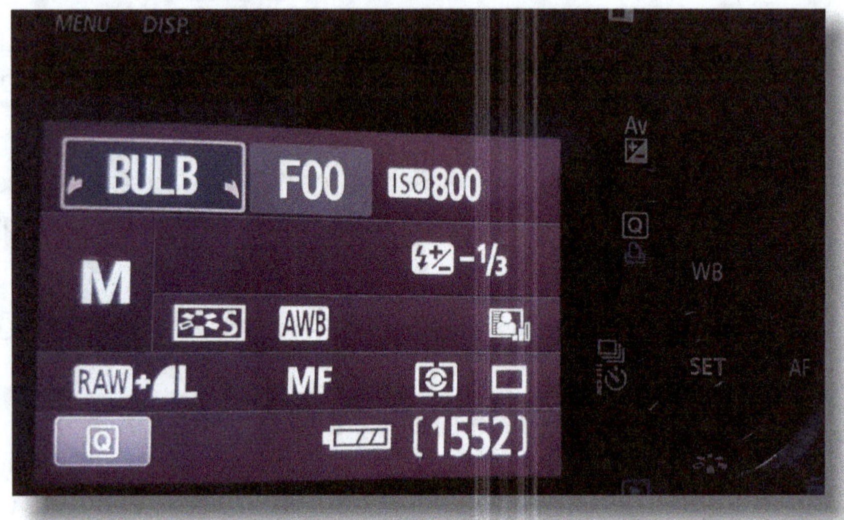

Il display con le impostazioni della Canon.

Riepilogo delle impostazioni della fotocamera

Impostare la Modalità programma su Esposizione manuale.

Impostare il Drive su Single Shot.

Imposta ISO in base al tipo di scatto.

Disattiva la revisione dell'immagine.

Disattiva la messa a fuoco automatica.

Imposta il bilanciamento del bianco su Daylight o Automatico.

Imposta il formato del file su Raw (o Raw + JPEG).

Disattivare la riduzione del rumore a lunga esposizione.

Impostare il contrasto e la saturazione del colore su normale.

Imposta lo spazio colore su sRGB o su Adobe RGB se si è in grado di gestire gli spazi colore.

Disattiva il flash.

Imposta l'esposizione su Bulb.

Utilizzare un telecomando con intervallometro per aprire l'otturatore.

Disattiva il blocco dello specchio per l'astrofotografia a lunga esposizione se si possiede una montatura solida.

Attiva il blocco dello specchio per scatti planetari.

Apertura: massima

Autofocus: No

Light Dark Flat e Bias files

La creazione di questi files è importante per poter essere usata con il software per lo stacking, Deep Sky Stacker.

Servono a ridurre il rumore catturato sotto forma di disturbo congenito alla DSLR.

La riduzione del disturbo avviene tramite sottrazione del segnale dalla foto originale.

Il segnale di disturbo viene codificato nei file e attraverso il software detratto dallo scatto originale.

I **Light Frames** sono le immagini che contengono le informazioni che vuoi impilare. Sono le tue foto.

Dark Frames

I Dark Frames sono usati per rimuovere il segnale dark dai fotogrammi light.

Sia la DSLR che le CCD Camera, generano un segnale di disturbo a seconda del tempo di esposizione, della temperatura e della sensibilità ISO.

Per rimuovere il segnale dark dai fotogrammi light si utilizza una cornice dark che contiene solo il segnale dark.

Il modo migliore per creare i dark files o dark frame è scattare foto al buio coprendo l'obiettivo.

I fotogrammi dark devono essere creati con il tempo di esposizione, la temperatura e la sensibilità ISO dei fotogrammi luce.

Poiché la temperatura è importante, prova a scattare

fotogrammi dark alla fine o durante la sessione di cattura.

Di solito io ne prendo tra i 10 e i 20 scatti. DeepSkyStacker li combina automaticamente per creare e poi usare un master dark.

Bias Frames o Cornici Offset

I frame Bias / Offset vengono utilizzati per rimuovere il segnale di lettura del chip CCD o CMOS dai fotogrammi light.

Ogni chip CCD o CMOS genera un segnale di lettura, questo segnale viene creato dall'elettronica quando accede al contenuto del chip.

È molto facile creare bias / offset frames: basta prendere l'esposizione più breve possibile.

Sulla DSLR 1/4000s o 1/ 8000s a seconda della fotocamera, al buio coprendo l'obiettivo.

I frame bias devono essere creati con la sensibilità ISO dei fotogrammi chiari. La temperatura non è importante.

Di solito io ne prendo tra i 10 e i 20 scatti. DeepSkyStacker li combina automaticamente per creare e poi usare un bias / offset master pulito.

Flat frames

I flat frame vengono utilizzati per correggere la vignettatura e l'illuminazione irregolare del campo creata da polvere o macchie nel treno ottico.

Per creare dei buoni flat è molto importante non rimuovere la fotocamera dal telescopio prima di prenderli e non cambiare la messa a fuoco.

Il modo più semplice è quello di mettere un panno bianco davanti al tuo telescopio e appianare le pieghe fissandolo con un elastico. Quindi illumina il panno con una luce forte, un flash, una luce bianca brillante o il cielo all'alba e lascia che la fotocamera decida del tempo di esposizione in modalità Av.

Le cornici piatte devono essere create con la sensibilità ISO dei fotogrammi light. La temperatura non è importante.

Di solito io ne prendo tra i 10 e i 20 scatti. DeepSkyStacker li combina automaticamente per creare e poi usare un flat frame.

La foto della Luna non ha avuto stacking quindi non si applica, nella foto della Via Lattea invece ho potuto prendere solo dark frames.

Non sempre le condizioni ci consentono di prendere tutti i frame di disturbo da sottrarre.

Chiaramente più disturbo sul segnale possiamo sottrarre meglio saranno i nostri risultati

Dopo un po' di pratica avremmo la nostra libreria di flat e bias frames tarati per la sensibilità ISO che usiamo più spesso, ci rimane solo, nella sessione di ripresa, di volta in volta di prendere solo i dark frames.

Deep Sky Stacker

Cos'è DeepSkyStacker?

DeepSkyStacker è un software freeware per astrofotografi che semplifica tutte le fasi di pre-elaborazione delle immagini del cielo profondo. Citato dal sito.

Ci consente di impilare tutti i nostri scatti così da avere la somma del segnale raccolto.

Una volta salvato il risultato in formato TIFF potremmo passare alla fase di Post Produzione, ovvero la fase finale.

Il link del sito:

http://deepskystacker.free.fr/english/index.html

Usare il software non è banale, nonostante le indicazioni che vi darò dovete comunque fare qualche prova per avere un risultato ottimale.

La potenza del computer è importante, meno processori e memoria Ram avete a disposizione più tempo il programma impiega a svolgere il lavoro.

Ecco le caratteristiche principali dalle quali vi potete fare una idea delle molte variabili in gioco, non vi spaventate:

Registrazione automatica di una serie di immagini.

Rilevamento automatico delle stelle utilizzando tutta l'area dell'immagine.

Anteprima delle stelle registrate.

Registrazione sub pixel.

Derotazione automatica.

Creazione e utilizzo automatici di cornici offset, flat e darks.

Allineamento e impilamento dei pixel secondari.

Formati bitmap supportati: file TIFF monocromatici e a colori a 8, 16 e 32 bit, file FITS a colori e monocromatici a 8, 16, 32 e 64 bit, JPEG, BMP, PNG.

Uso nativo di file RAW dalla maggior parte delle reflex digitali CR2, NEF, CRW, DNG senza utilizzare un formato di file intermedio.

Darks, Flats e Offsets calcolati e applicati direttamente all'immagine RAW prima di qualsiasi interpolazione.

Metodi di impilamento: media, mediana, ritaglio kappa-sigma, media ponderata auto adattativa, media ponderata entropia, massimo.

Anteprima di tutte le immagini.

Post-elaborazione semplice con livelli RGB, curva di luminanza e regolazioni della saturazione.

Salva l'immagine risultante in file TIFF o FITS a 16 o 32 bit con o senza regolazioni applicate.

Interfaccia utente semplice e intuitiva.

Utilizzo ottimale della memoria: la stessa quantità di memoria è necessaria per registrare e impilare 10 o 500 immagini.

Utilizzo ottimale di tutti i processori disponibili hyperthreaded, multiprocessori, processori duo e quad core.

DeepSkyStacker: le funzionalità avanzate

Determinazione automatica di dark, flat e offset da applicare alle immagini utilizzando la velocità ISO e il tempo di esposizione.

Diversi metodi per ottimizzare l'elaborazione dei file RAW utilizzando il meglio della matrice Bayer senza interpolare i pixel mancanti.

Opzione per rilevare automaticamente gli hot pixel e durante il processo di registrazione.

Opzioni per rilevare e rimuovere automaticamente i pixel caldi e le colonne danneggiate durante il processo di impilamento.

Opzioni per rilevare e pulire i pixel caldi e freddi rimanenti dopo la calibrazione.

Calibrazione piatta automatica per equalizzare le differenze di luminosità.

Calibrazione automatica dello sfondo delle immagini per ogni canale.

Ottimizzazione dark automatica.

Uso automatico di una trasformazione di allineamento bicubica, bilineare o bisquared a seconda del numero di stelle.

Creazione di elenchi di file per velocizzare il caricamento dei file utilizzati spesso (dark, flat, offset / bias ...).

Comet Stacking.

Edizione manuale di stelle e posizioni delle comete.

Opzione drizzle (x2 o x3) durante il processo di impilamento.

Possibile utilizzo di file FITS in bianco e nero a 16 bit come i file RAW (uso automatico di un pattern di filtro Bayer).

Utilizzo di gruppi di file per semplificare più notti sulla stessa gestione dei file oggetto.

Opzioni per creare un file calibrato e registrato per ogni cornice luminosa.

Debloom.

Opzioni cosmetiche per rilevare e pulire i pixel caldi / freddi rimanenti dalle immagini calibrate.

Funzionalità per creare maschere stellari.

Funzionalità per raggruppare più pile.

Versione da riga di comando.

Ora vi rendete conto che, per chi è a digiuno di tutti, o anche una parte, di questi termini tecnici, dietro ai quali si nascondono competenze avanzate in vari campi, l'impresa di usare un software simile con successo sembra disperata.

In realtà seguendo i miei consigli potete raggiungere il vostro obiettivo anche senza sapere cosa è una matrice Bayer.

Non è lo scopo di questo libro addentrarsi nello specifico in tutti i settori toccati dalla fotografia astronomica, che vanno dalla fisica, all'informatica, passando per l'ottica e l'astronomia.

Il mio consiglio è iniziare divertendosi con dei risultati concreti per poi, piano piano, accrescere autonomamente le proprie competenze approfondendo quando ci sentiamo pronti.

Scaricate e installate DSS.

Quindi vediamo solo le impostazioni essenziali di DSS.

Partiamo dai nostri scatti sotto forma di file raccolti con la macchina durante la sessione descritta per la Via Lattea, e di avere anche, come ho fatto io, anche i dark files.

Portiamo i nostri file dalla macchina sul computer dove è installato DSS e mettiamoli in una cartella.

Cliccate "Apri immagini" e selezionate le immagini che avete registrato in formato RAW. Quindi cliccate "Apri".

Ora selezionate "dark files" e selezionate i dark che avete registrato.

Ricordate che i file dark devono essere registrati con il sensore posto alla stessa temperatura e devono avere la stessa durata di esposizione rispetto alle immagini dell'oggetto ripreso

Selezionate "Apri".

Selezionate quindi "Marca tutti" per indicare a DSS di utilizzare tutte queste immagini.

Cliccate "Settaggi RAW/FITS DDP" e si aprirà la finestra "Settaggi del Digital Development Process RAW/FITS".

Quindi inserite 1.5 nel campo del Rosso e del Blu, questi parametri sono consigliati solo per le reflex con filtro modificato per astronomia, di cui parleremo più avanti, se utilizzate una reflex non modificata lasciate 1 per entrambi, e infine selezionate "Interpolazione adattiva diretta dell'omogeneità (AHD)".

Quindi premete OK.

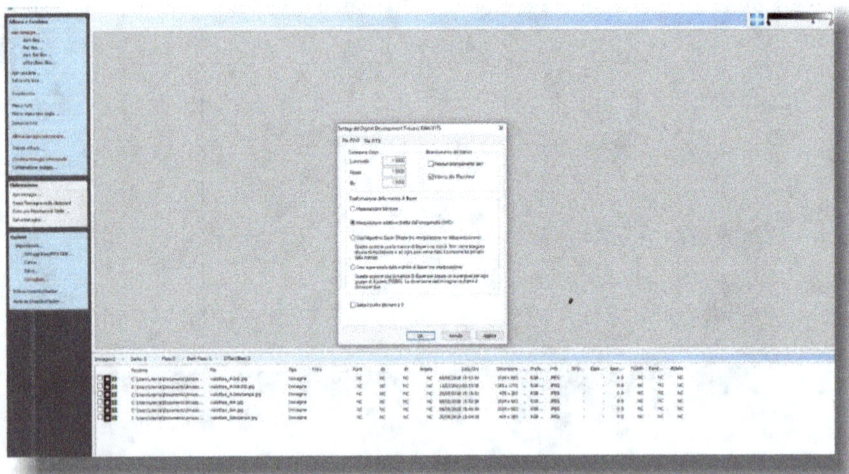

Quindi selezionate "Allinea immagini selezionate", si aprirà la finestra "Settaggi allineamento". Verificate che sia attiva l'impostazione "Combina dopo l'allineamento" e scrivete 100 nel campo "Seleziona il ___ % delle migliori immagini e combinale".

Impostiamo il valore della soglia rilevamento stelle, questo valore va alzato o abbassato a seconda di quante stelle sono presenti nelle immagini. Con un numero di stelle alto come nelle foto della Via Lattea non c'è bisogno di alzare molto.

Non aumentiamo tanto il valore del rilevamento oppure accadrà che il numero elevato di stelle usate per l'allineamento rallenta molto il programma.

Cliccate "Parametri combinazione", si aprirà una finestra.

Qui potete selezionare il modo in cui le immagini vengono sommate nel tab "Immagini" e nel tab "Dark".

Sono molti gli algoritmi disponibili, io ho usato il "Taglio Kappa-Sigma" lasciando inalterati i parametri che si trovano sulla destra.

Selezionate "Taglio Kappa-Sigma" nel tab "Immagini" e nel tab "Dark".

Selezionate allineamento automatico e poi nel tab cosmetica a seconda del risultato potete tornare e abilitare "rileva ed elimina i pixel caldi e freddi".

Ditegli di creare il file finale e di usare tutti i processori sul tab risultato.

Infine premete il bottone OK per chiudere la finestra.

Il pulsante impostazioni consigliate a volte suggerisce impostazioni diverse, ma dovete provare per valutare.

Ad esempio a volte è utile la calibrazione fondo cielo rgb, oppure settare il punto a 0, ma serve solo se si usano dark raw.

Le possibilità sono molte considerati i molti parametri che si possono combinare, ma con questi che vi ho suggerito dovreste riuscire ad avere dei risultati nella maggior parte delle situazioni.

A questo punto premete nuovamente OK nella finestra "Settaggi Allineamento", comparirà la finestra:

"Procedura di combinazione ", che riassume tutti i parametri scelti.

Premete OK per avviare la procedura di calibrazione e allineamento.

Ora attendete la fine della procedura.

Deep Sky Stacker quindi sottrae i dark del segnale di disturbo dalle immagini e allinea le immagini calibrate analizzando la posizione delle stelle.

Quindi effettua una somma di segnale per creare un'immagine unica che visualizzerà sullo schermo.

DSS dovrebbe già aver salvato una immagine TIFF se nel tab risultato avete spuntato il checkbox relativo.

Tuttavia il file TIFF che salva in automatico DSS è a 32 bit, molti editor fotografici un po' datati o non professionali non lo aprono.

Per essere certi al termine selezionate "Salva immagine" e, nella finestra che si apre, inserite il nome del file da salvare, magari a 16 bit e non a 32.

Un altro modo per salvare il risultato e copiare l'immagine negli appunti e poi incollarla nel programma di foto editing.

Tutti e tre questi metodi danno un risultato diverso.

Avete completato la procedura di calibrazione e allineamento e ora avete un'immagine singola che è la somma di tutte le pose prese in fase di ripresa.

Già con tutte le variabili elencate solo per fare le prove vi andrà via un bel po' di tempo.

Intanto andiamo a vedere il risultato, che a prima vista spaventa un po', infatti quello che vi trovate alla fine del processo è un file completamente nero.

Ma niente paura, anzi è così che deve essere.

Il file TIFF contiene ancora tanto segnale inutile e tanto rumore che dobbiamo togliere.

Passiamo alla fase di post produzione.

Dobbiamo usare un editor fotografico.

Photoshop oppure Gimp possono aiutarci.

Post Produzione

Questa è l'immagine tipica che vi trovate dopo un allineamento con DSS.

Una foto nera aperta dentro a Photoshop.

Anzi rispetto ad altri risultati di allineamenti che possiamo avere almeno in questa si intuisce qualcosa.

Come procediamo?

Facile apriamo i livelli dal Menu Images -> Adjustments -> Levels

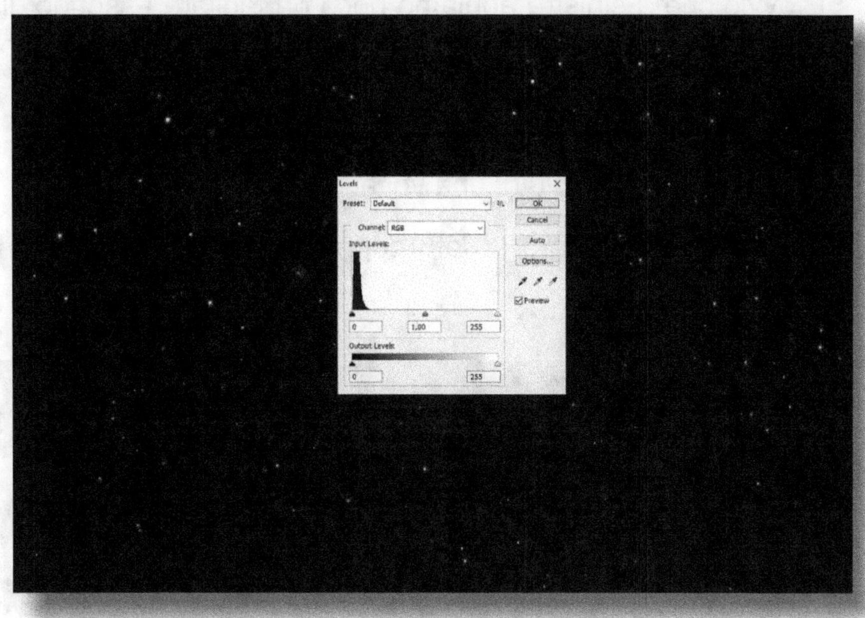

Appare l'istogramma.

Osservate il classico istogramma descritto sopra, spostato verso sinistra e appena scostato dal margine.

Ora dobbiamo agire sulle tre freccette poste in basso, una all'estrema sinistra, una al centro e una all'estrema destra.

Spostando quelle di sinistra e destra tagliamo fuori il segnale che non ci interessa e manteniamo la veridicità scientifica del segnale raccolto, utile per foto che hanno valenza scientifica.

Spostando il cursore al centro amplifichiamo, elaborando e ricalcolando i dati del segnale, ma rinunciando alla fedeltà dei dati originali e interpolando, ovvero dando una espressione più artistica alla foto.

Qui si tratta di fare pratica.

E ovvio che a sinistra abbiamo poco da tagliare essendo già vicini al bordo, quindi ci serviamo del cursore a destra, e poi, se serve, di quello al centro.

O possiamo anche eseguire il lavoro sui livelli in più riprese tornando sui livelli più di una volta.

Ecco come ci appare la foto dopo aver chiuso il cursore a destra.

Vediamo già qualcosa.

Ora si tratta di proseguire confermare con OK.

Tornare sui livelli di nuovo.

Osservate come l'istogramma ha assunto una nuova forma dopo il primo passaggio.

A questo punto il lavoro procede dentro lo stesso Menu Images -> Adjustments ->

Usando le voci che riguardano il contrasto, la saturazione e il bilanciamento dei colori.

Non c'è una regola precisa, come si dice in gergo è una questione di "manico".

Dovete provare, fare esperienza valutare da quello che vedete sul monitor, coscienti che, poi se volete stampare le vostre foto, dovete calibrare il monitor e i suoi colori con quelli della stampante e della carta che usate.

Oppure conservare gli scatti in formato digitale mantenendo il formato TIFF oppure salvando in jpg.

Bisogna estrarre dal segnale della foto tutti i particolari raccolti, stando attenti a bilanciare tutto, dai colori alla luminosità, alla saturazione, senza lasciare che la foto risulti innaturale.

Ad esempio un cielo completamente nero è innaturale, anche nelle migliori condizioni il cielo ha una sua minima luminescenza.

Non esagerate al contrario nell'aumentare la luminosità, perché altrimenti le sezioni dell'immagine con più luce si "sfondano".

Fare pratica con lo scopo di buttare via dalla foto il segnale sporco per tenere infine solo la nostra immagine con tutti i particolari possibili equilibrati e bilanciati nei loro colori.

Non dimenticate che il formato TIFF occupa molto spazio, e considerate che forse per conservare le foto senza occupare molto spazio sul disco potete ridimensionarle a grandezza adeguata ai vostri scopi, agendo dai menu del software deputati a questo scopo dentro a:

Menu Images -> Image Size

DSS è un ottimo programma per lo stacking, molto usato nella comunità dei fotografi astronomici.

Photoshop ha capacità di stacking, ma molto limitate rispetto a DSS.

Tuttavia se si vuole provar, dalla versione CS alcune procedure sono automatizzate.

Si procede così:

Scarica i file RAW e se possiedi un software per editarli cerca di bilanciare bene il bianco.

Adobe Bridge e Camera Raw sono famosi software per questo scopo.

Dal menu File -> Script -> Carica file in serie, seleziona le tue immagini, e poi spunta la casella

"Crea oggetto avanzato dopo aver caricato i livelli"

poi "Tenta di allineare automaticamente le immagini"

Una volta creati per fonderli insieme aprire l'immagine nel software e dal menù:

Livello -> Oggetti Avanzati -> Metodo Serie di Immagini -> Media Aritmetica

Crei il file finale.

Non sempre il software riesce ad allineare bene le immagini, a mio giudizio DSS, gratuito tra l'altro, è il migliore.

Scoprirai che in questo settore, popolato oltre che da fotografi amatoriali, anche da persone che scattano per scopi scientifici e di ricerca, i software open source a disposizione, sviluppati dalla comunità, che riguardano la fotografia astronomica sono veramente molti e di alto livello.

Completiamo ora, prima di procedere oltre, la parte importante dell'orientamento polare per l'astro inseguitore.

L'orientamento polare dello Star Adventurer Skywatcher

Una volta montato il treppiede, livellato e messo in bolla, possiamo montare il supporto per la latitudine e sopra questo lo star adventurer, l'astro inseguitore.

Prima di accendere l'astro inseguitore dobbiamo orientare con il cannocchiale polare il nostro strumento.

L'orientamento preciso è parte importante dello stazionamento della montatura, senza un orientamento esatto compromettiamo tutto il nostro lavoro.

Ogni montatura ha il proprio setup di orientamento, tuttavia alcune operazioni fondamentali rimangono sempre le stesse.

Sebbene queste operazioni siano descritte bene nel manuale, in inglese, dello Star Adventurer provo a descriverle di nuovo qui in maniera semplificata e con qualche consiglio in più.

Svitiamo il tappo del cannocchiale polare, togliamo il tappo davanti e poi orientiamolo verso la stella polare.

Dobbiamo agire sia sulla leva della latitudine, sia ruotandolo sulla base sia sul piano orizzontale.

Continuiamo così fino ad inquadrare la stella polare dentro al cannocchiale, in una posizione precisa che dipende dall'ora, dal giorno e dal mese.

La stella polare non è molto luminosa, in città con l'inquinamento luminoso non si vede. Ci dobbiamo trovare in zone buie.

Consideriamo anzi tutto che la stella polare è vicino al punto di rotazione dell'asse terrestre, vicino ma non coincide esattamente.

Quindi anche la stella polare nel moto rotatorio disegna un piccolo cerchio intorno all'asse di rotazione.

Nel cannocchiale polare abbiamo disegnato questo piccolo cerchio, a seconda del giorno, dell'ora e del mese la polare si troverà in un punto di questa circonferenza, è lì che la dobbiamo posizionare puntandola con il cannocchiale polare.

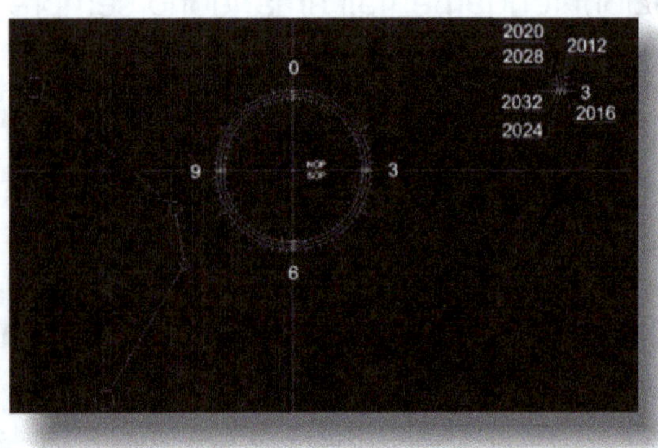

Abbiamo tre modi per allineare la stella polare con il cannocchiale.

PolarisView

Possiamo usare una app gratuita, ce ne sono diverse, PolarisView ad esempio, ci mostra come deve apparire la polare nel reticolo.

Molto facile, si scarica sul proprio telefono e usando il gps, la data e l'ora l'app calcola tutto.

Ecco una immagine di come viene indicato il reticolo.

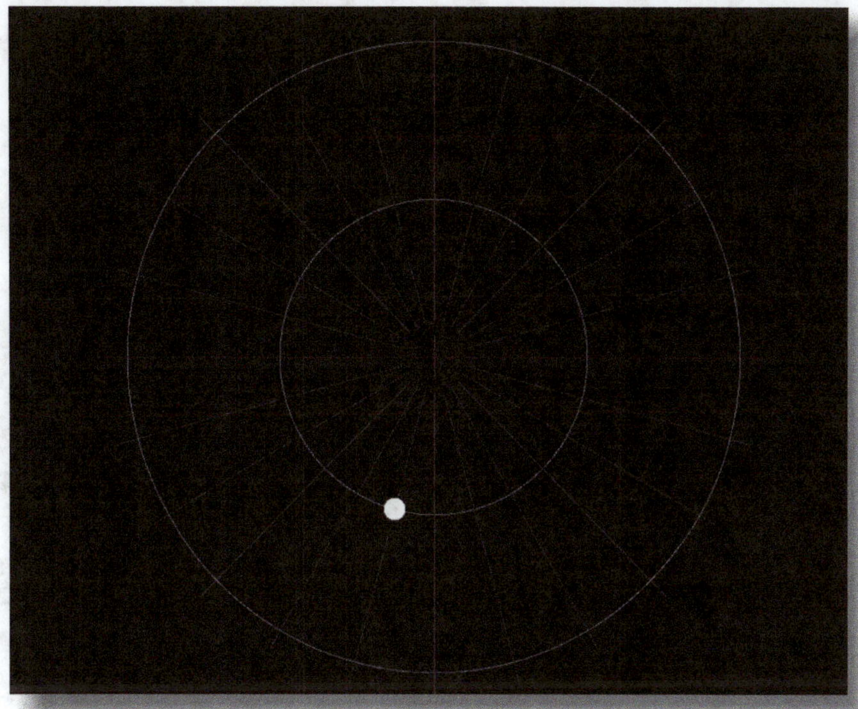

Kochab

La seconda possibilità che abbiamo, se non possiamo usare una app, è quella di individuare la stella Kochab.

La posizione di questa stella, approssimativamente e relativamente alla polare, rappresenta nel nostro reticolo la posizione dove collocare la polare.

Ad esempio se la posizione relativa alla polare di Kochab è alle ore nove dovremmo, dentro al reticolo, posizionare la polare alle ore nove.

Ghiere di riferimento

Ultimo metodo usare le ghiere presenti sullo star adventurer.

Notiamo dall'alto verso il basso tre ghiere numerate.

La prima rappresenta il tempo, diviso in 24 ore, di cui ogni segmento sono 10 minuti. Questa ghiera è fissa non ruota.

La seconda rappresenta la data, divisa in 12 mesi, di cui ogni segmento sono circa due giorni. Questa ghiera ruota sia afferrando il mirino sia dalla base avanti. Inoltre ruota se la afferri direttamente, questo ultimo modo serve solo per lo scarto dal meridiano di riferimento.

La terza serve per lo scarto della longitudine dal meridiano di riferimento. Questa non ruota è incisa sulla seconda ghiera.

Attraverso queste ghiere possiamo ricavare la posizione della polare da inquadrare nel reticolo del cannocchiale polare.

Si procede così.

Sistemiamo la montatura poi collochiamo la Polare all'interno del campo visivo del cannocchiale polare.

Ruotare la ghiera della data per allineare il 31 ottobre allo 0 della ghiera del tempo.

Ruota l'oculare o la base di montaggio per allineare l'indicatore dello scarto del meridiano a 0.

Questa è la data e l'ora in cui l'orientamento della Polare è direttamente in basso a ore 6.

A questo punto, il numero 6 nel reticolo dovrebbe puntare verso il basso.

Se così non fosse, fare riferimento al manuale Appendice I: calibrazione del cannocchiale polare.

Ora regola la ghiera della data alla data corrente.

Calcola la differenza in gradi tra la tua longitudine e il meridiano centrale del proprio fuso orario, e determina se ti trovi a est o a ovest del meridiano centrale.

Regola la ghiera dello scarto della longitudine.

Esempio: se ti trovi a Roma in Italia, la tua longitudine è 12 ° 30" E.

Il meridiano di riferimento per questo fuso orario è 15° E. Ciò significa che Roma si trova a circa 2 ° 30" verso ovest rispetto al suo meridiano di riferimento.

Ruota la ghiera su W 2 per compensare.

Abbina la ghiera della data con l'ora di osservazione ruotando l'oculare o la piattaforma di montaggio.

NON ruotare la ghiera della data direttamente in questo passaggio.

L'ora va calcolata solare non legale.

Ad esempio, se la data di osservazione è il 30 marzo e l'ora solare di osservazione sono le 19:10, dobbiamo tenere e ruotare la piattaforma di montaggio portando quasi l'ultimo segno (marzo ha 31 giorno quindi non l'ultimo segno ma un po' prima) della scala di marzo allineato con il primo segno (ogni segno dieci minuti) dopo le 19 sulla ghiera del tempo.

Dove si trova nel reticolo la linea della circonferenza, all'altezza del numero 6 esattamente, li dobbiamo posizionare la Polare.

Come si vede nell'immagine seguente.

A questo punto il cannocchiale polare è orientato sull'asse terrestre con una buona approssimazione, sufficiente a scattare pose lunghe massimo pochi minuti, dai 2 ai 5.

In teoria se lo lasciamo spento la polare con il passare del tempo ruota dentro il cerchio del mirino.

Una volta acceso, il motorino compensa il moto di rotazione terrestre.

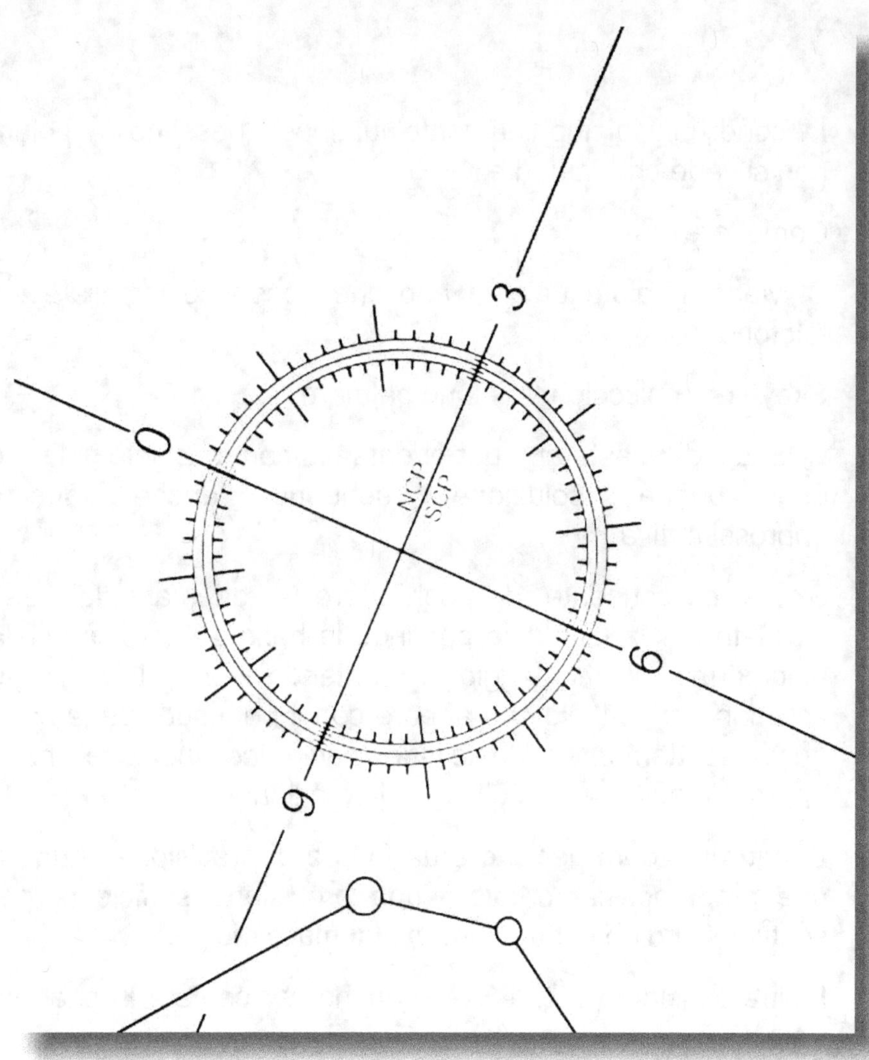
3
0
6
9
NCP
SCP

SkEye

In condizioni di inquinamento luminoso pessimo la polare non si vede chiaramente.

Come fare?

Ci viene in aiuto un'altra app che possiamo installare sul telefono.

Skeye è un piccolo planetario palmare.

L'utilizzo di questa app per orientare il cannocchiale polare è una buona soluzione, sebbene anche questa approssimativa.

Skeye ci consente di posizionare e orientare la base inclinata per la latitudine posando la base del telefono sulla piattaforma di montaggio e puntando verso il basso e collimando il reticolo che appare con il polo sud. Se la base punta esattamente al polo sud magnetico vuol dire che è approssimativamente sull'asse di rotazione.

Usando lo zoom per avere un fattore di precisione di uno o due gradi possiamo avere una precisione sufficiente per scatti dell'ordine di due o tre minuti massimo.

Inoltre possiamo usare Skeye anche per cercare Kochab se visibile.

Unica accortezza calibrare la bussola del telefono prima di qualsiasi operazione.

Tenete presente che in qualsiasi posto vi troviate comunque la bussola subisce gli effetti della declinazione e deviazione magnetica locale, significa che se non conoscete i valori per compensare questa variazione magnetica avrete sempre un margine di errore.

Una immagine del reticolo di Skeye orientato verso il polo sud.

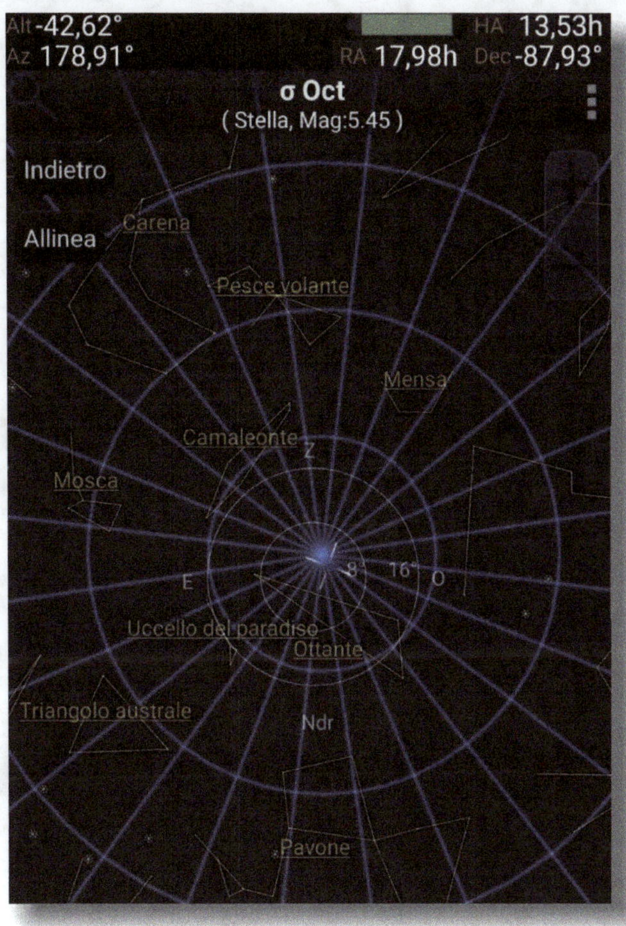

Riepilogo

Abbiamo scelto il giorno e il luogo secondo:

Luna Nuova

Il Meteo

Abbiamo controllato:

Il vento in quota

L'inquinamento luminoso

Poi abbiamo scelto il soggetto in base a:

La stagione

Al luogo

Visto il planetario o le carte astrali

Preparato l'attrezzatura

Infine abbiamo scelto l'attrezzatura in base a:

Al soggetto

Al meteo

Alla stagione

Abbiamo quasi tutto manca di introdurre il planetario o le carte astrali.

Stellarium

Nella nostra lista per la preparazione tipica di una sessione fotografica, abbiamo elencato la necessità di un planetario o di avere delle carte astrali.

A questo proposito passiamo a vedere Stellarium, ottimo software planetario gratuito e open source, fondamentale per pianificare le nostre serate sia di osservazione che di fotografia.

Stellarium si scarica gratuitamente online a questo indirizzo:

https://stellarium.org/it/

disponibile per qualsiasi piattaforma.

inoltre ne esiste anche una versione online qui:

https://stellarium-web.org/

Sebbene il suo uso sia molto intuitivo, per usarlo al meglio bisogna sistemare qualche impostazione, vedremo tra poco cosa e dove.

Qui di seguito lo vediamo per il riconoscimento delle costellazioni nella fotografia astronomica a campo largo.

Invece qui sotto riproponiamo la Via Lattea dopo aver riconosciuto alcune costellazioni.

In evidenza la Corona Australe e le stelle centrali del Sagittario, poi più a destra lo Scorpione.

Vediamo le impostazioni di Stellarium

- Posizione - tasto F6 impostare la propria posizione, in base a città e nazione oppure latitudine e longitudine. Da qui si attiva anche l'ora legale.
- Ora - tasto F5
- Opzioni cielo e visualizzazione - tasto F4 da qui è possibile sistemare:

- o In cielo, etichette e indicatori e nomi aggiuntivi delle stelle.
  - o In SSO, etichette e indicatori
  - o In DSO, etichette e indicatori, cataloghi, magnitudine limite
  - o In Indicatori, griglie e punti cardinali
  - o In Tradizioni, attivare le linee per le costellazioni
- Finestra di ricerca - tasto F3

Spostando il mouse verso sinistra appare il menù rapido con altri accessi.

Spostando il mouse verso il basso appare il menù rapido per la gestione veloce.

Spostando il mouse verso l'alto a destra appare il menù rapido che simula DSLR e telescopi.

I tasti J e L spostano rispettivamente il tempo avanti e indietro K lo ferma.

La rotellina del mouse ingrandisce.

Una volta selezionato un oggetto, in alto a sinistra abbiamo tutti i dati.

Con Stellarium possiamo impostare data e ora e vedere tutto per pianificare con anticipo la nostra sessione.

Per esempio sorgere e tramonto di un corpo celeste, orientamento, altezza massima sull'orizzonte ed altri dati fondamentali che ci serviranno per ogni aspetto del nostro compito.

Inoltre, una volta che abbiamo imparato ad usarlo, Stellarium con i suoi dati, ci fornisce le effemeridi complete, utili per le nostre foto, come impareremo più avanti, una volta che dal campo largo passiamo ad altro.

Stellarium è un software che gira su un computer, ottimo per pianificare a tavolino, sul campo invece, un planetario su telefono fa comodo in molte circostanze.

Le carte astrali sono anche loro un ottimo strumento ma al tempo stesso poco pratiche sul campo, al buio non si vedono e sono quindi poco utili, a meno di avere dietro con sé una torcia con luce rossa per non disturbare la visione notturna.

Torneremo su Stellarium, a più riprese, i dati che ci fornisce il software ci saranno utili via via che procederemo.

Nella pagina seguente un esempio di visione di campo con il software.

Ora vediamo che altro possiamo fare con il campo largo.

Betelgeuse (Al Mankib - Betelgeux - Martial Star - Mirzam)
α Ori - 58 Ori - HIP 27989 - SAO 113271 - HD 39801 - HR 2061 - WDS J05552+0724Aa,Ab
Tipo: stella variabile pulsante, stella doppia (SPC)
Magnitudine: 0.45 (ridotto a 0.65 da 1.55 masse d'aria)
Magnitudine Assoluta: -5.47
Indice Colore (B-V): 1.52
Intervallo di magnitudine: 0.00+1.30 (Sistema Fotometrico: V)
AR/Dec (J2000.0): 5h55m10.35s/+7°24'25.7"
AR/Dec (in data): 5h56m18.27s/+7°24'36.6"
Ha/Dec: 2h42m25.45s/+7°25'31.3" (apparente)
Az./Alt.: +287°47'25.5"/+40°17'22.7" (apparente)
Gal. long./lat.: -160°12'46.9"/-8°57'30.3"
Supergal. long./lat.: -7°16'31.5"/-62°32'32.4"
Ecl. long./lat. (J2000.0): +98°45'17.5"/-16°01'27.0"
Ecl. long./lat. (in data): +89°02'46.4"/-16°01'27.0"
Obliquità dell'eclittica (in data): +23°26'14.6"
Tempo Siderale Medio: 8h38m47.8s
Tempo Siderale Apparente: 8h36m46.7s
Alba: 12h01m
Transito: 18h32m
Tramonto: 1h03m
Costellazione (Alt): Ori
Distanza: 497.95±56.00 al
Proper motion: 36.6 mas/anno towards 67.8°
Moto proprio per asc: 33.9 13.8 (mas/anno)
Parallasse: 6.55±0.830 mas
Tipo Spettrale: M1-M2Ia-Iab
Periodo: 2335 Giorni
Angolo di posizione (1993): 273.00°
Separazione (1993): 0.080"
Terra, Roma, 0 m   FOV 83.7°   17.8 FPS   2021-03-30 21:15:16 UTC+02:00

Il Campo Largo Creativo

Altri strumenti fondamentali per proseguire la caccia ai migliori scatti sul campo largo includono varie tecniche e metodi che ci torneranno utili anche più avanti sui pianeti ed il cielo profondo.

Tra questi lo star trail, il time lapse, la caccia alle comete, gli asteroidi, le stazioni spaziali in orbita e alcuni oggetti minori del sistema solare, nonché i meteoriti e infine alcune formule utili trasversalmente in ogni ambito della fotografia astronomica.

L'interazione tra strumenti e tecniche ci porterà, a seconda della vostra creatività, ad usare la stessa attrezzatura per risultati diversi.

Il campo largo creativo si spinge oltre la ripresa classica.

Qui, più che l'astronomia, è la passione per la fotografia in sé che prevale.

Andiamo a vedere come si fa.

Il Campo Largo Creativo

Lo Star Trail

È la tecnica per fare le "strisciate" di stelle ed il montaggio successivo di varie pose per avere la somma di tutte le "strisciate".

Divertente, anche se personalmente penso che dopo che lo fai un paio di volte esaurisce il suo fascino.

Tuttavia trovando scenari e background diversi può essere riciclato più volte come tipo di scatto.

Ecco un esempio senza uno sfondo particolare.

Segnalo che esistono software gratuiti online che montano le varie pose scattate per creare automaticamente la foto finale.

Ce ne sono diversi uno famoso è qui:

https://www.startrails.de/

È interessante provare la tecnica dello startrail per testare le capacità della propria attrezzature e il limite della capacità che ha di catturare immagini prima che si verifichi l'effetto striscia.

Ovvero, facendo riferimento alla foto della Via Lattea, sapere quando la nostra macchina e la nostra ottica arrivano al limite di posa di esposizione prima che si perda la puntiformità delle stelle.

Riporto qui un calcolo molto utile che serve matematicamente ad estrarre queste informazioni.

Limite di tolleranza di esposizione star trail

Prendiamo come riferimento una Canon, la 6D.

Per procedere con questi ed altri calcoli bisogna sapere sempre le caratteristiche del sensore della propria DSLR.

A questo indirizzo trovate un sito che conserva un database di informazioni su molte macchine:

https://www.digicamdb.com/

Inseriamo quindi la nostra macchina e troviamo i dati.

Poi procediamo con la formuletta.

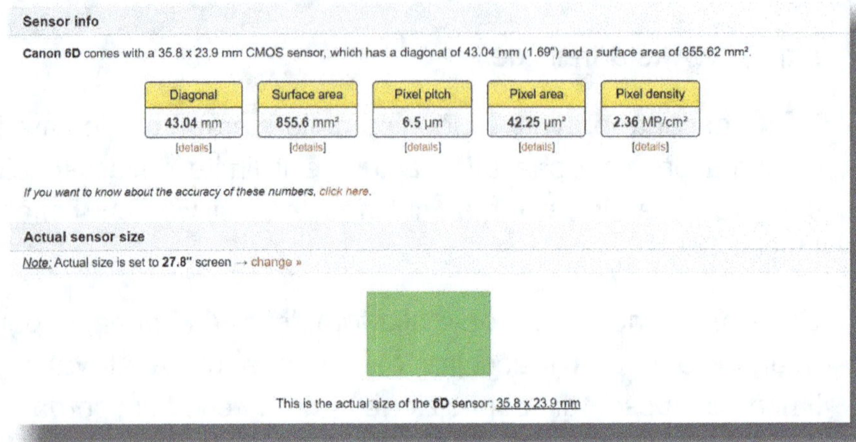

Dunque ci interessa sapere quanto tempo la rotazione terrestre impiega per strisciare un pixel, così poi da determinare quale è il nostro limite di tolleranza per una posa senza strisce, oppure, al contrario quanto vogliamo creare di proposito lunghe strisciate.

Decidiamo un sistema di riferimento, ad esempio secondi/pixel.

La terra è un ellissoide, non una sfera perfetta, ma per i nostri calcoli trigonometrici la consideriamo tale.

Un arco secondo sulla nostra sfera terrestre è pari a circa 1/206000 di radiante, prendete questo dato e fate un atto di fede per evitare un corso di geometria e trigonometria nonché di geografia astronomica.

Ora per calcolare il campionamento in "/px (secondi/pixel) facciamo:

206 * (pitch[μm] /focale[mm]) ovvero il pixel pitch della nostra DSLR in micrometri diviso la focale della nostra ottica in millimetri per 206 che abbiamo ricavato dal valore di prima dei radianti rapportato ai millimetri.

Quindi per la Canon 6d dove il pitch è 6.5 μm (micrometri) con un obiettivo da 14 mm:

(6.5 / 14) * 206

Risultato 0,46 * 206 = 96,64" /px

Campionamento 96,64 secondi di arco/pixel

Il campionamento rappresenta la scala dell'immagine.

Ora sappiamo che in una ora la terra gira di 15 gradi, infatti 15° per 24 ore sono 360 gradi, un giro completo della sfera.

Quindi ogni 4 minuti fa un grado di rotazione, e in un minuto fa 0,25 gradi ovvero 15' primi di grado, poiché in un grado ci sono 60 primi.

A sua volta un primo è composto da 60" secondi.

Quindi 15' / 60 secondi fa di nuovo 0,25 primi cioè 15" secondi.

Ovvero la terra gira a 15" secondi di arco al secondo.

Allora se facciamo 15" / 96.64" abbiamo

Risultato 0.15" pixel / secondo

Ora dobbiamo decidere la nostra tolleranza, nel caso di pose senza strisciate, diciamo 4 pixel, che significa una strisciata comunque di 4 pixel.

Facciamo 4 px / 0.15" pixel/secondo

Abbiamo 26,66 secondi per strisciare 4 pixel.

Di contro, per lo star trail con un obiettivo da 14 mm, se vogliamo una strisciata più lunga dobbiamo calcolare diversamente.

Diciamo uno star trail di 16 pixel per posa.

Facciamo 16 px / 0.15" pixel/secondo

Fanno 106 secondi una posa molto lunga, quasi due minuti.

Questo ci porta a considerare che con un fish eye e la Canon 6D abbiamo tempi di posa lunghi, al contrario con una focale più lunga tempi più corti.

Tutti i calcoli devono sempre fare riferimento alla propria attrezzatura.

Se vogliamo essere ancora più precisi dobbiamo considerare che la velocità di rotazione terrestre e i rapporti nella formula vanno considerati relativi all'equatore celeste, la velocità più alta, ma che la velocità cambia a seconda della declinazione celeste.

Quindi inquadrando zone diverse del cielo abbiamo strisciate e tempi leggermente diversi.

La declinazione della zona la ricaviamo dai dati di Stellarium visto prima.

E anche l'equatore celeste lo possiamo visualizzare dentro a Stellarium per renderci conto.

È anche vero però che quando inquadriamo il cielo con un fish eye come un 14 mm la porzione di cielo è ampia e quindi possiamo scegliere di ignorare questa compensazione che aggiungo tra poco, in tutti gli altri casi invece possiamo considerare che:

presa la declinazione del cielo che stiamo inquadrando e calcolato con una calcolatrice il suo coseno.

Ad esempio declinazione 42°

Cos (42°)

Risultato 0,74

Possiamo allungare il tempo di posa così:

26.66 / 0.74 = 36 secondi

Dividendo il tempo di posa ottenuto per il risultato del coseno, che si traduce in oltre mezzo minuto per strisciare 4 pixel su una Canon 6d con un 14 mm ad una declinazione celeste di 42°.

Riassumendo il tempo di posa calcolato per strisciare o evitare di strisciare è dato da:

Campionamento = (pitch[μm] /focale[mm]) * 206

Strisciata per secondo = 15" / Campionamento

Tempo di strisciata eq celeste = pixel da strisciare / Strisciata per secondo

Tempo di strisciata preciso = Tempo di strisciata eq celeste / Cos(declinazione)

Usando un valore costante di 14.3 possiamo abbreviare

la formuletta così:

P = pixel pitch della DSLR

T = tempo di mosso scelto per la strisciata in px

F = focale obiettivo

Formula Breve Tempo di strisciata eq celeste = 14,3 * P * T / F

Quindi

14,3 * 6,5 * 4 / 14 = 26,55 sec. un valore approssimativo ma che si avvicina di molto a quello trovato prima.

Tenete presente che i secondi scelti sono soggettivi, io ritengo che già 4 pixel di strisciata sono al limite per una foto statica senza astro inseguitore, e chiaramente, di contro, sono pochi per lo star trail.

La Canon 6D qui considerata è una DSLR full frame, tutti i calcoli vanno rapportati ad una focale diversa in caso di sensore APS-C che comporta un moltiplicatore di focale di 1,6 per le Canon e di 1,5 per le altre, cambiando dunque i risultati.

Il che ci porta a considerare di preparare e stampare uno specchietto di valori che accompagnano l'attrezzatura che abbiamo da portarci dietro, con accoppiate ottiche e macchina.

Per lo scatto della Via Lattea sopra quindi se applichiamo le nostre formule abbiamo:

il 18mm

il pitch della Canon 650D che è 4.29 μm

i pixel massimi che voglio strisciare 4

14,3 * 4,29 * 4 / 28,8 = 13,63 sec

Dimezzati agli 8 secondi descritti sopra appunto.

Diventano circa 18 se allunghiamo con il coseno della declinazione, se quindi rimaniamo su 8 strisciamo ancora meno, e per lo scatto della Via Lattea va bene.

I valori ISO non devono superare i 1600 nel trail per non avere troppo rumore, e negli esempi riportati sopra abbiamo lenti molto luminose, come nel caso del 14 mm.

Optimum 800 ISO e tempi di esposizione sui 25 secondi e quindi molti scatti per avere materiale per la strisciata, diciamo almeno tre ore di scatti.

Se esponiamo a lungo per avere una strisciata più lunga rischiamo di sovraesporre molto, dobbiamo bilanciare ISO, esposizione, fuoco e tempo di strisciata.

Come al solito l'istogramma ci deve venire in aiuto.

Non dimenticate di mettere a fuoco precisamente come descritto sopra prima di iniziare.

Time Lapse

Il time lapse è la tecnica che consente di riprendere e montare sequenze video facendo sembrare che il tempo sia accelerato, catturando fotogrammi ad intervalli regolari separati tra loro da una quantità di tempo decisa arbitrariamente.

Questa tecnica non appartiene propriamente alla fotografia astronomica pura, tuttavia astro inseguitori come lo Star Adventurer hanno la possibilità di accelerare il tempo di rotazione che usano per compensare il moto di rotazione terrestre, o di decelerarlo.

Questa possibilità ci aiuta con lo star trail.

Possiamo infatti aumentare artificialmente il tempo di rotazione terrestre, diminuendo di conseguenza il tempo di posa, dimezzandolo o anche riducendolo di molto.

È un po' come barare, e a mio avviso, otteniamo anche un risultato diverso dallo star trail originale.

Lo segnalo come ennesima possibilità da provare che ci offre la nostra strumentazione.

Comete Asteroidi Stelle Cadenti

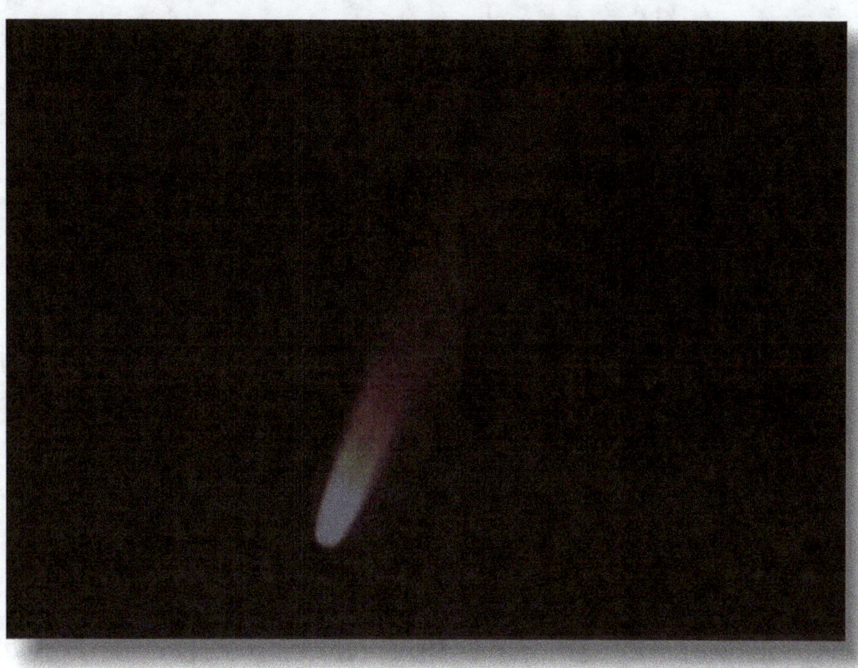

Il campo largo ovviamente ci consente con la nostra attrezzatura di base gli scatti delle comete.

Qui a volte non abbiamo bisogno nemmeno di un astro inseguitore, come nel caso sopra di NEOWISE nel 2020.

Altre volte, invece, con comete distanti c'è bisogno di tutto.

Astro inseguitore, stack delle foto, ottica o telescopio, software per post produzione insomma tutto quanto abbiamo già indicato.

Non sempre le comete sono visibili da qualsiasi parte del

globo.

La rete ci fornisce molte informazioni a riguardo.

Come al solito ci sono diverse fonti da consultare, che senza fatica troverete con il vostro motore di ricerca preferito online.

Segnalo una pagina a proposito.

http://www.earthriseinstitute.org/inboundcoms.html

Il sito sopra segnala avvistamenti di nuove comete, elenco di comete in avvicinamento nel corso dell'anno e altre informazioni interessanti.

Qui invece il link alla IAU International Astronomic Union

https://minorplanetcenter.net/

Sul loro sito effemeridi e molte informazioni oltre alla possibilità di segnalare una cometa nuova qualora la scopriste.

Anche Stellarium ci aiuta nella individuazione delle comete.

Andiamo a caccia di comete con Stellarium.

Dopo aver consultato online le novità riguardo alla individuazione di nuove comete andiamo ad aggiungerle al programma.

Attraverso la finestra dell'editor del sistema solare nella sezione plugin possiamo scaricare gli elenchi aggiornati.

Ecco la sequenza da seguire:

F2 per accedere alla configurazione.

Sezione plugin.

Editor Sistema solare.

Configurazione.

Sistema Solare.

Importa elementi orbitali MPC.

Elenchi Comete.

Scarica liste di oggetti osservabili.

Ottieni elementi orbitali.

Una volta terminato il download abbiamo tutti gli aggiornamenti e possiamo scegliere se aggiungerli tutti oppure selezionarne uno solo.

Ad esempio se cerchiamo 2021 Leonard e spuntiamo il checkbox troviamo la cometa da aggiungere.

Chiudiamo le finestre e poi con la modalità di ricerca F3 andiamo a cercare sulla carta astrale simulata la cometa.

Leonard è una cometa iperbolica che passa molto vicino alla terra tra dicembre 2021 e gennaio 2022 e poi scompare.

Controllare la distanza in UA per vedere quando sarà vicina alla terra mentre con i tasti J K L spostiamo il tempo e la data.

J indietro

K stop

L avanti

La magnitudine della cometa ci indica, sempre a seconda del periodo, se sarà visibile a occhio nudo o con il binocolo o con un telescopio.

Più bassa è meglio è.

Selezioniamo data e l'ora per vedere da quale parte del cielo appare e dove puntare per fotografarla.

Stellarium ci fornisce tutto, quando siamo sul campo una bussola ci aiuterà ad orientarci e l'altezza ricavata dai dati del programma ci indicherà dove cercare, anche le stelle e gli asterismi noti sono validi punti di riferimento da segnare.

Lo stesso vale per altri oggetti minori del sistema solare.

Stellarium ci consente di pianificare ogni cosa.

Le stelle cadenti.

Più divertente invece andare a caccia di stelle cadenti, poiché si tratta essenzialmente di posizionarsi nel periodo di passaggio dello sciame e scattare foto verso una zona del cielo fino a quando non ne catturiamo una.

Dunque, diciamo anzi tutto che le stelle non cadono, noi vediamo meteoriti entrare in fiamme e bruciare nella nostra atmosfera, ma sicuramente la stella cadente con il desiderio da esprimere mentre cade è più romantica.

Ecco una foto di una stella cadente catturata mentre si scattavano pose per la Nebulosa Dumbbell oggetto M27 detta anche Nebulosa Manubrio.

La meteora solca in cielo in pochi secondi catturarla compresa la striscia di fuoco può essere un compito arduo.

Vediamo come ottimizzare le possibilità per questo tipo di

scatto.

Nelle due immagini seguenti una meteora catturata casualmente mentre si scattavano foto per un altro oggetto.

La prima è lo scatto raw, grezzo, la seconda dopo l'elaborazione.

Le meteore sono detriti, lasciate nello spazio, a volte, dalle comete.

Quando la terra entra, durante il suo percorso nello spazio intorno al sole, in queste zone popolate da questi detriti li cattura con la sua forza di gravità.

I detriti catturati precipitano e bruciano nell'atmosfera.

Abbiamo sempre un punto di origine delle meteore, questo punto viene detto radiante.

A seconda del periodo dell'anno i radianti danno il nome allo sciame di meteore.

E il nome del radiante viene dato dalla costellazione dalla quale sembrano provenire le stelle cadenti.

Meteore Leonidi: radiante nella costellazione del Leone a novembre

Meteore Geminidi: radiante nella costellazione dei Gemelli a dicembre

Meteore Perseidi: radiante nella costellazione di Perseo ad agosto

Tecnica fotografica:

Treppiede

Astro inseguitore consigliato

Intervallometro a scatti di 2 secondi

Grandangolo

DSLR

Location buio

Preferibile la Luna Nuova

ISO e tempi adeguati

Puntare la macchina verso il radiante a seconda della stagione, ad esempio il radiante delle Perseidi è quello delle stelle di San Lorenzo in estate.

A questo punto ci si siede ad osservare e aspettare che cada una stella, una meteora in fiamme, e che il nostro scatto abbia la fortuna di essere sincronizzato con la caduta.

La quantità di meteore possibili in caduta per ora dipende da molti fattori.

Il buio, la luna e l'intensità della nube di detriti.

Di nuovo Stellarium ci può venire in aiuto sia per prepararci sia per valutare.

A volte in maniera fortuita si cattura una meteora mentre si sta facendo un altro scatto.

Di seguito la stella cadente con il background di M27 Nebulosa Dumbbell una volta terminata la post produzione.

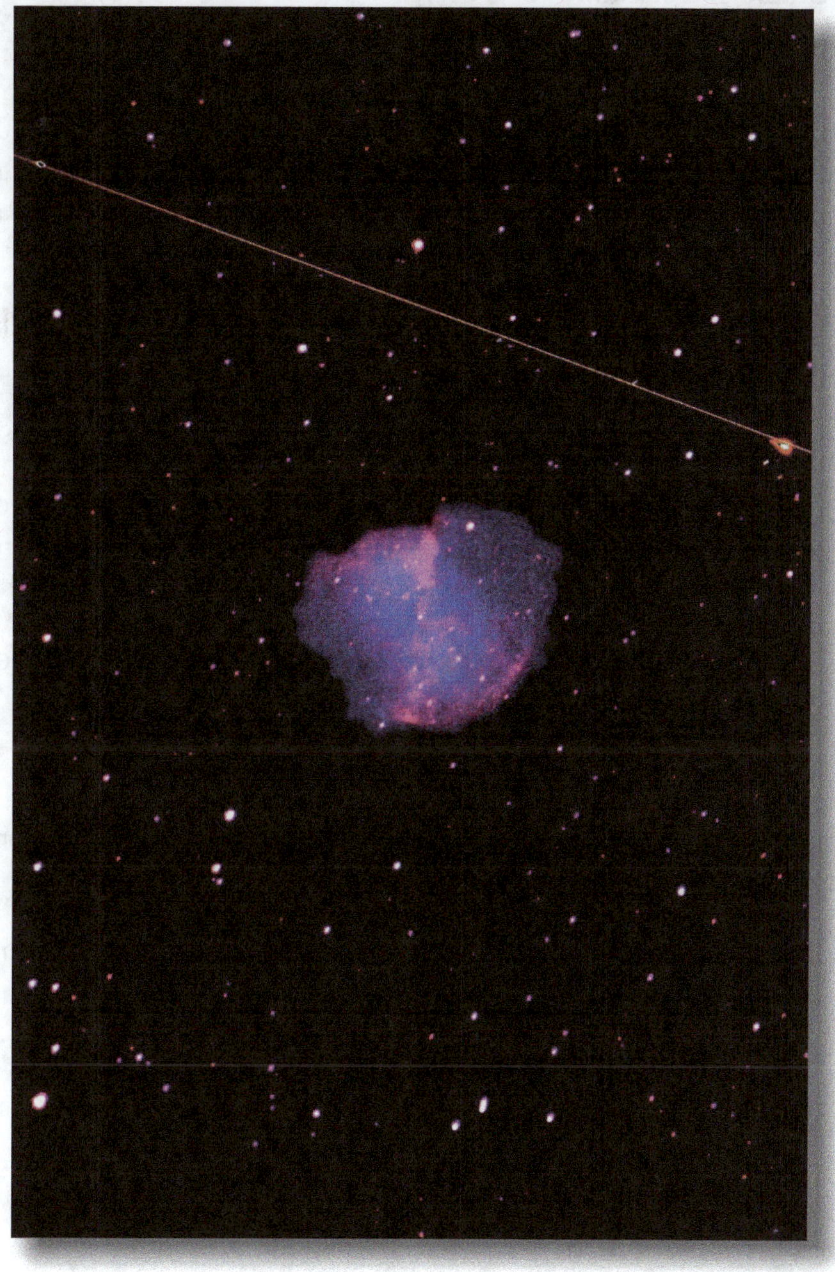

Stazioni Spaziali.

Un classico è la stazione spaziale ISS.

La Stazione Spaziale Internazionale è in orbita dal 2000, viaggia a oltre 400 km di altitudine, a oltre 7 Km orari, è grande come un campo da football americano e porta a bordo due astronauti che si alternano ogni sei mesi.

Un sito famoso per calcolare quando sarà visibile dalla nostra posizione lo trovate qui:

https://www.heavens-above.com/

Dopo aver scelto la località abbiamo un calendario di passaggi, le due cose alle quali dobbiamo prestare attenzione, in particolare, sono la magnitudine e l'altezza.

Rispettivamente la magnitudine più bassa è meglio si vede, e l'altezza invece più alta è meglio sarà.

Prendere nota dell'ora e dell'orientamento.

Il sito oltre a indicare la ISS propone anche altre stazioni spaziali ed è molto ricco di informazioni

Inoltre altra famosa applicazione per individuare la stazione ISS è l'app da telefono ISS Detector.

Con Stellarium attraverso la finestra di ricerca oggetto possiamo visualizzare tutti i dettagli.

La stazione è molto veloce, in pochi minuti passa via.

Per catturare una immagine dettagliata bisogna avere un telescopio motorizzato e molta pazienza.

Con l'attrezzatura da campo largo al massimo possiamo

fotografare il punto luminoso della stazione mentre passa sopra di noi, e bisogna anche essere rapidi, indugiare un minuto in più e già non è più visibile, comunque non possiamo catturarne certo i dettagli senza telescopio.

Siamo giunti al termine del ventaglio di possibili scatti fattibili con una attrezzatura da campo largo e senza sensori sofisticati.

Procedere Oltre.

Per procedere oltre dobbiamo ora affrontare ed imparare diversi nuovi argomenti affascinanti, che costituiscono i fondamenti della fotografia astronomica per i pianeti ed il cielo profondo, ma non solo.

I fondamenti che ci accingiamo ad imparare, sebbene considerati argomenti più avanzati, sono anche importanti per la fotografia astronomica in generale.

Dopo esserci divertiti con il campo largo e una dotazione, tutto sommato, modesta, sarebbe inutile cimentarsi in qualcosa di nuovo se prima non apprendiamo alcuni argomenti teorici indispensabili.

Ancora più inutile sarebbe investire denaro in altra attrezzatura se prima non facciamo i conti con quanto è necessario sapere per procedere.

Molti dei temi esposti di seguito costituiscono inoltre le basi dei "trucchi" più importanti per riuscire nella nostra impresa, nozioni che non si trovano chiaramente in altri libri, informazioni sparse che io, non ho trovato esposte chiaramente altrove, e che qui cerco di raccogliere dandogli un senso e un ordine diverso.

Risposte a domande che ogni fotografo amatoriale, e non,

dovrebbe avere chiare subito, prima di poter decidere cosa si può o non si può fare.

A volte lo scoglio maggiore all'inizio di questo hobby, e anche più avanti, è proprio questo, cosa mi serve per fare una determinata foto e come farla, oppure al contrario, con quello che ho, cosa riesco a fare e come.

Rimandiamo la lista della spesa per fare qualsiasi altra cosa, oltre quello già visto, a dopo che avremo appreso i fondamenti che seguono.

Nel caso in cui siamo soddisfatti del campo largo e non intendiamo investire altro denaro nella nostra attrezzatura, anche in questo caso le nozioni fondamentali che seguono ci servono e completano la nostra preparazione.

Rimango comunque fedele al proposito enunciato, andare direttamente al punto, la parte teorica del bravo fotografo amatoriale ci interessa, certo, ma vogliamo, velocemente, solo le informazioni strettamente indispensabili allo scopo.

Se ti è piaciuta questa breve introduzione prosegui sul libro intero Fotografia Astronomica Amatoriale Vol. 1 260 pagine complete che proseguono il presente libro. Nella versione cartacea tutta a colori oppure in formato ebook pubblicati su Amazon.

A disposizione anche corsi online di fotografia astronomica su www.certificazionilinux.com o www.linuxshell.it

Bibliografia Web Link e riferimenti utili

Astronomia

https://www.lightpollutionmap.info/

https://www.ventusky.com/

https://earth.nullschool.net/

Crediti

Copertina – Autore

Pic - Autore

Pic wiki.Ubuntu

Tutte le informazioni di pubblico dominio sugli altri software open source citati sono reperibili sui siti dei rispettivi gruppi di sviluppo, della comunità open source e free software, cosi come le guide per le installazioni ed altro citato nel presente libro.

Disclaimer

Microsoft Windows e Office sono marchi registrati dai rispettivi proprietari.

Tutti gli altri marchi citati coperti da copyright sono marchi registrati dai rispettivi proprietari.

Foto e riferimenti web dei rispettivi siti.